"Y un día dijo Sarai a Abram:
—Mira, el Señor no me ha
permitido tener hijos,
pero te ruego que te unas a mi
esclava Agar, pues
tal vez tendré hijos por medio de
ella.
Abram aceptó lo que Sarai le
decía"

Génesis, 16.2

Indice

1.- Introducción

Leemos últimamente en los medios de comunicación noticias como "Cuando tenía 15 años me detectaron una malformación en el útero y tuvieron que quitármelo, aunque me dejaron los ovarios. Ya me advirtieron en ese momento de que para ser madre solo tenía dos opciones: la gestación subrogada o conocida más entonces como 'vientre de alquiler' y la adopción"[1]; "Estuvimos un año intentándolo, después fuimos a un clínica de fertilidad y empezamos con tratamientos. Primero por inseminación artificial y después por fecundación in vitro. Me quedé embarazada tres veces, pero perdí los tres. Los médicos me dijeron que no volviera a intentarlo. Mi útero tenía una malformación e impedía el crecimiento del embrión"[2], o referidos a parejas del mismo sexo "Nuestro mayor deseo siempre ha sido ser padres y primero pensamos en adoptar, pero cuando se nos cerraron todas las puertas, acudimos a la gestación subrogada. El cónsul de la República Checa nos dijo que éramos unos monstruos y en Rusia llegaron a decirnos que preferían ver a los niños muertos antes que los criáramos nosotros".[3]

¿Que está pasando para que esté en auge la maternidad subrogada? La sociedad actual va encontrando nuevos caminos para los problemas que produce la infertilidad, si cierto, avances científicos que dan esperanza a través de nuevas técnicas de reproducción a parejas que de otra manera no podrían tener hijos. Estos métodos muchas veces no tienen como resultado el objetivo deseado, y muchas de ellas no alcanzan el sueño deseado como vimos en los ejemplos anteriores.

Ya no es solo la infertilidad masculina, también la femenina, la causa del

---

1 http://www.rtve.es/noticias/20140801/embarazo-10000-km-espana/982880.shtml
2 http://www.elmundo.e s/cronica/2015/07/26/55b37bea268e3ed4258b4572.html
3 http://www.eldiario.es/sociedad/hipotecarnos-decidimos-emplear-ahorros-familia_0_226077770.html

embarazo deseado. Se suma a ésto la paternidad o maternidad avanzada, que reduce la capacidad de reproducción, la dificultad para concebir y la imposibilidad de gestación de manera natural, y todo ello después de costosos tratamientos, son hechos que propician el recurrir a otros medios como el de la subrogación.

Otros motivos son los largos procesos de adopción conducen a que las parejas acudan a técnicas como la maternidad subrogada, pues muchas veces terminan sin éxito después de años de espera no solo en nuestro país, sino también en el extranjero. En algunos países existen cada vez mas trabas burocráticas, y requisitos respecto a los adoptantes, como sería el caso reciente de China[4], donde últimamente se da prioridad a las parejas heterosexuales jóvenes, con alto nivel de estudios e ingresos, con lo que perjudican a solteros, homosexuales, obesos y mayores de 50 años.

También las parejas del mismo sexo se plantean los vientres de alquiler, ya que que tienen vetado en la mayoría de los países la adopción, como el reciente caso de Rusia [5][6], añadido a que físicamente es imposible para ellos.

Sumamos a los anteriores motivos el deseo de las personas solteras *"singles"* de tener su propia descendencia, todos estos casos han influido en la proliferación de cada día más casos de los llamados vientres de alquiler.

La maternidad subrogada de todas maneras no es algo que esté de moda al calor de los avances médicos, o como fruto de la imaginación actual, podríamos decir que ya en la antigüedad se daban estas prácticas, claro sin las técnicas modernas de reproducción pero es un hecho comparable cuando

---

4 http://www.abc.es/hemeroteca/historico-28-04-2007/abc/Sociedad/china-endurece-los-requisitos-para-la-adopciony-
da-prioridad-a-los-matrimonios-heterosexuales_1632804180522.htm
5 http://www.ragap.es/actualidad/internacional/espana-cede-ante-putin-los-homosexuales-tienen-prohibido-adoptarninos-rusos/818631
6 http://www.elblog.info/2013/07/adopcion-internacional-parejas-homosexuales.html

en su tiempo como consecuencia de los problemas de concepción de Sarai, le rogó a su marido Abram, yacer con Agar, para que éste tuviera hijos, y así tener descendencia, la esclava dio a luz un bebé que recibió el nombre de Ismael, y Sarai le acogió como si fuera su propio hijo[7], otro caso que se cita en el antiguo testamento sería el de la esclava Bilhá, que le dio varios hijos a Jacob, dada la infertilidad de su esposa[8].

Sin ceñirnos a la biblia podemos dar cuenta de otro caso sería el de el Faraón Amemhotep I, que no tenía herederos y tuvo que recurrir a una esposa secundaria para tener descendencia, según los expertos se deduce de los poco claros orígenes del faraón Tutmosis I, supuesto hijo del anterior[9].

En el Código de Hammurabi[10], uno de los conjuntos de leyes más antiguas de las que disponemos, nos indica que ya existía la posibilidad de que un hombre pudiera tomar una segunda esposa, o de que su primera esposa le proporcionase una concubina para poder tener hijos, así lo recogen las leyes 138 y siguientes de este código, asimismo regula garantías sociales para las concubinas que tuvieran hijos.

También en las épocas la griega o la romana, encontramos ejemplos Plutarco[11], en su libro *Vidas Paralelas*, el cual narra los problemas de procreación del Rey de Galacia y de su esposa estéril, Estratónica, o otros relatos como el de Marco Porcio Catón, de Útica y Quinto Hortensio[12], de recurrir a una tercera persona para tener la descendencia que de otra manera sería imposible. Yasin remitirnos a la antigüedad, pues tendríamos numerosos ejemplos en todas las épocas, nos remontamos al caso de Baby

---

7 https://www.biblegateway.com/passage/?search=G
%C3%A9nesis+16&version=DHH
8 http://www.enduringword.com/commentaries/ESP0130.htm
9 http://www.ecured.cu/Tutmosis_I
10 http://www.historiaclasica.com/2007/05/el-cdigo-de-hammurabi.html
11Historiador Griego. http://www.biografiasyvidas.com/biografia/p/plutarco.htm.
12 http://www.edictum.com.ar/miWeb4/congreso/Maria%20Elena%20Bazan-
Bibiana%20Llaryora.doc.

M. en los Estados Unidos, en 1987[13], en el que dos mujeres se disputan ante los tribunales la maternidad de un bebé gestado bajo contrato, y es desde entonces es cuando la polémica en torno a esta cuestión a tomado mas cuerpo, entre los partidarios y detractores de esta forma de tener hijos, y es cuando se empezaron a sustanciar numerosos casos, empezó aparecer legislación y jurisprudencia en la materia.

Vista esta pequeña introducción sobre la temática, el objeto de este trabajo es analizar de manera somera, dada la amplitud y complejidad del tema, como está reflejada en la legislación Española la cuestión de la maternidad subrogada, las posiciones en pro y contra de su práctica, así como entrar de manera superficial en la problemática de la filiación de los nacidos fuera de nuestras fronteras por contratos por sustitución, o "vientres de alquiler". En la segunda parte del trabajo lo que intentaré es relatar la casuística existente en los Estados Unidos de Norteamérica, poniendo a éste país como un ejemplo de la variedad legislativa, tanto a favor como en contra, y tal es así que cada Estado de la unión podría equipararse legislativamente a otros países, tales Reino Unido, Rusia, México, Georgia, Francia, Canadá, Brasil, India, Bélgica.

---

13 http://elpais.com/diario/1987/01/19/sociedad/538009202_850215.html

2.- Definición y clasificación de la maternidad subrogada.

2.1.Concepto:

La maternidad subrogada es la práctica en la cual una mujer, previo acuerdo de las partes, se compromete a llevar adelante un embarazo y entregar al niño en el momento de nacimiento a una pareja o persona, renunciando a sus propios derechos como madre; frecuentemente es realizada a cambio de dinero. Encontramos definiciones como: "consiste en un contrato, oneroso o gratuito, a través del cual una mujer consiente en llevar a cabo la gestación, mediante técnicas de reproducción asistida, aportando o no también su óvulo, con el compromiso de entregar el nacido a los comitentes, que pueden ser una persona o una pareja, casada entre si o no, que a su vez pueden aportar o no sus gametos"[14], tal como se recoge la sentencia de la Audiencia Provincial número 949/2011 De Valencia 826 23 de Noviembre de 2011, o "la maternidad subrogada o maternidad por subrogación puede definirse como la práctica por la cual una mujer acepta portar en su vientre un niño por encargo de otra persona o de una pareja, con el compromiso de, una vez llevado a término el embarazo,, entregar el recién nacido al comitente o los comitentes, renunciando aquélla a la filiación que pudiera corresponderle sobre el hijo así gestado"[15], que es como define Rafael Sánchez Aristi, profesor de derecho civil en la Universidad Rey Juan Carlos, la maternidad

2.2. Clasificación:

La maternidad subrogada atiende a dos clasificaciones, la primera sería en función de la carga genética del bebe, es decir quien aporta el óvulo y el espermatozoide, así en función de esta entenderíamos:

---

14 http://blogs.ua.es/espanyadoxa/files/2012/05/Sentencia-audiencia-de-Valencia-inscripci%C3%B3n-hijomaternidad-subrogada.pdf.
15 http://www.fundacionmhm.org/www_humanitas_es_numero49/articulo.pdf

• Tradiciona 1 , es aquella en que la madre gestacional aporta también su óvulo, pero el espermatozoide proviene del padre que solicita la subrogación o de un donante. El bebé es concebido por medio de inseminación artificial o fecundación in vitro.

• Gestacional , es aquella en la que el óvulo y espermatozoide son aportados por la pareja que solicita la subrogación. En estos casos, la mujer embarazada no tiene ninguna relación genética con el bebé, y se le conoce como madre portadora o madre gestacional. Este embarazo se alcanza mediante fecundación in vitro.

La maternidad subrogada también puede dividirse en función de si existe o no transacción económica.

• Altruista , es aquella en la mujer que lleva el embarazo lo hace sin ánimo de lucro, es decir, no obtiene remuneración o pago por sus servicios. Los padres biológicos se responsabilizan por todos los gastos médicos y legales, y es posible que se incluya compensación por otros aspectos que afectan el bienestar del embarazo y la madre portadora, como atención psicológica y alimentación, o son necesidades directamente relacionadas con el embarazo, como ropa maternal.

• Lucrativa , cuando la madre gestacional ofrece llevar el embarazo a cambio de una suma de dinero. En este caso, las madres suelen trabajar por medio de una agencia especializada en maternidad subrogada.

3.- Gestación por sustitución en España.

3.1. Legislación.

3.1.1 La Constitución Española.

Respecto al articulado en nuestra carta magna no existe ninguna referencia expresa a la maternidad subrogada sin embargo los preceptos que se recogen son utilizados por los defensores de posiciones a favor o en contra de la maternidad subrogada, como sería el caso del artículo 10.1 *"La dignidad de la persona, los derechos inviolables que le son inherentes, el libre desarrollo de la personalidad, el respeto a la ley y a los derechos de los demás son fundamento del orden político y de la paz social"*, este artículo lo señalan los detractores de la maternidad subrogada con el pretexto que se vulnera la dignidad humana tanto de la madre sustituta como del nacido. Por otra parte los defensores, se sitúan en la posición respecto a este artículo de que no permitir contratos de subrogación vulneraría la posibilidad de una persona, en este caso la madre sustituta, de desarrollar libremente su personalidad.

Por parte de los defensores de los "vientres de alquiler" se alude al artículo 14 de nuestra constitución que prohíbe la *"discriminación alguna por razón de nacimiento"* y prevén que *"Los poderes públicos aseguran, asimismo, la protección integral de los hijos, iguales éstos ante la ley con independencia de su filiación"*, que con la normativa actual, y con la no filiación a los padres que contratan madres sustitutas, se vulnera tal articulado especialmente en lo referente a parejas del mismo sexo.

Sin embargo en distintas sentencias como la de la Audiencia Provincial de Valencia, en el caso que mas adelante nos ocupará, no habla en si de la nulidad de los contratos de sustitución, sino en lo que es el tema de la filiación, que inscribir a como hijo de los contratantes en el registro civil Español a parte de vulneran los artículos, a parte del mencionado 10.1., el artículo 15 en cuanto que se refiere a la "integridad física y moral", y también el referido 39.2 *"Los poderes públicos aseguran, asimismo, la protección integral de los hijos, iguales éstos ante la ley con independencia de su filiación, y de las madres, cualquiera que sea su estado civil. La ley posibilitará la investigación de la paternidad."*, ni tampoco el relativo a la igualdad promovido por el 14 de la CE, pues es independiente de que sean parejas del mismo sexo o no, afecta a todas las parejas con independencia de su condición, y que en todo caso la inscripción se lleva a cabo, solo que no como hijo de los dos miembros de la pareja, sino de acuerdo con las normas relativas al derecho civil, pero en todo caso el que no tuviere la posibilidad de constar como padre o madre en la inscripción, cabe la posibilidad de la adopción, como veremos más adelante.

3.1.2. La Ley 14/2006, de 26 de mayo, sobre técnicas de Reproducción Humana Asistida.

Artículo 10.

"Gestación por sustitución.

*1. Será **nulo de pleno derecho** el contrato por el que se convenga la gestación, con o sin precio, a cargo de una mujer que renuncia a la filiación materna a favor del contratante o de un tercero.*

*2. La filiación de los hijos nacidos por gestación de sustitución **será determinada por el parto**.*

3. Queda a salvo la posible acción de reclamación de la paternidad respecto del padre biológico, conforme a las reglas generales"

El artículo mencionado, esta redactado en similares términos de la Ley 35/1988 de Técnicas de reproducción Asistida, que ya rechazaba la gestación por sustitución basándose en un informe redactados por una comisión de expertos (*Comisión Palacios*), la base de la oposición a esta práctica se fundamentaba en *"razones éticas al considerarse que hay una unidad de valor en la maternidad que en ella no se respeta y que crea una distorsión deshumanizadora. También, porque puede constituirse en una nueva forma de manipulación del cuerpo femenino (a la que la situación desfavorable de la mujer en el mercado de trabajo puede contribuir), inadmisible en una sociedad democrática y justa, que posiblemente desencadenaría un abuso y una comercialización, a todas luces condenables y punibles, pero no por ello de larvada realización"*[16], de la lectura del artículo podemos deducir que, la filiación de los nacidos bajo gestación por sustitución se determina por el parto, es decir el legislador se decanta por la maternidad basada en la gestación, por lo que la madre es la que lleva a cabo todo el embarazo y la que da a luz, el padre viene determinado por el que es su marido, aunque cabe la posibilidad de en los casos de inseminación el reclamo de la paternidad por parte del padre biológico, tal observación también se hacia en la Comisión Palacios, en el sentido de que *"es más importante el componente de gestación que el genético pues la gestante lleva en su vientre al fruto durante nueve meses y lo protege fisiológica y psicológicamente, lo cual irá siempre a favor de la mujer portadora, y en contra de la gestación de sustitución a favor de otros. Por este motivo recomiendan que se admita la preponderancia biológica de la maternidad de gestación sobre la genética y que la madre legal lo sea siempre la madre gestante aunque en el origen del hijo hayan intervenido donantes."*[17]

Así pues se declara nulo el acuerdo de voluntades, con o sin precio, dejando clara esta cuestión de la nulidad, y el porqué de la misma

---

16 Informe de la Comisión especial de estudio de la fecundación in vitro y la inseminación artificial humanas.
17 Idem

atendiendo al espíritu con el que se redactó la norma, y las anteriores, entramos en la cuestión mas peliaguda que no es tanto el acuerdo de sustitución de una gestante por otra, como la posibilidad de la determinación de la filiación del nacido por estas prácticas fuera de nuestro país, en el código civil y en la citada ley existen unas reglas generales a tal efecto que han derivado en diversas sentencias y resoluciones de la Dirección General de los Registros y Notariado.

Otra discusión se centra, no ya en la cuestión de la filiación que queda clara por la jurisprudencia de nuestro país, sino en el carácter que tiene esta norma, que algunos la consideran que debiera ser una imperativa, norma de derecho internacional Español, dado que las inscripción pueden suponer "un fraude de ley, a partir de estos momentos todos los matrimonios que deseen tener hijos naturales a través de una gestación por sustitución, tanto si se trata de matrimonios heterosexuales como si se trata de matrimonios homosexuales, saben el camino."[18], otros consideran esencial la revisión de la nulidad de la maternidad subrogada a través de la elaboración de una legislación razonable, pues lo que esta claro que los nacidos fuera de España, están mas bien en un limbo jurídico, porque ante la negativa de la posibilidad de gestar por sustitución en nuestro país esta en auge realizar contratos por sustitución en países donde esta permitido, con lo que surgen muchas cuestiones en el aire, la posible comercialización de la maternidad, la problemática de los nacidos en el extranjero y su no reconocimiento de derechos en España. *"Las consecuencias sobre el status filii o la filiación de los menores, quedan sujetas a las normas de Derecho Internacional Público, lo que incluye el reconocimiento de las decisiones de las autoridades californianas o el conocimiento de nuestros tribunales y la*

---

18 R. Bercovitz Rodríguez-Cano, "Hijos made in california", Aranzadi Civil, núm. 3/2009, BIB 2009/411

posible aplicación de la ley española a la cuestión de la filiación. E incluso,
la posible aplicación del artículo 10 de la LTRHA como ley de policía (de
aplicación necesaria e inmediata) o como fundamento que coadyuva al
límite del "orden público internacional español"[19]

3.1.3.Otras leyes y disposiciones.

• **Ley Orgánica 10/1995, de 23 de noviembre, del Código Penal**

Dentro del Capitulo II, De la suposición de parto y de la alteración de la paternidad, estado o condición del menor, nos encontramos dos artículos que serían de aplicación ante la posibilidad de infracción del ordenamiento jurídico Español, el primero sería el artículo 220 : *"al que ocultare o entregare a terceros un hijo para alterar o modificar su filiación."* se le impondrá una pena de *"seis meses a dos años"*, el segundo sería el artículo 221, *"La conducta de quienes, mediando compensación económica, entreguen a otra persona un hijo, descendiente o cualquier menor aunque no concurra relación de filiación o parentesco, eludiendo los procedimientos legales de la guarda, acogimiento o adopción, con la finalidad de establecer una relación análoga a la de filiación"*, estas conductas están penadas con prisión de uno a cinco años y de inhabilitación especial para el ejercicio del derecho de la patria potestad, tutela, curatela o guarda por tiempo de cuatro a diez años.

Hay que decir que aunque nuestro cuerpo legal, recoja la punibilidad de la gestación por subrogación, estos preceptos no podrían aplicarse a los contratos celebrados fuera de nuestro país, dado el principio de territorialidad que no es mas que el "criterio que establece la aplicación con carácter exclusivo de la ley penal del territorio a todos los hechos

---

19 http://www.indret.com/pdf/657_es.pdf , Ana Quiñonez Alvarez, "Doble filiación paterna de gemelos nacidos en el extranjero mediante maternidad subrogada", Barcelona 2009, Revista para el análisis del derecho, In Dret

delictivos que se cometen en el mismo."[20]

• **Real Decreto de 24 de julio de 1889, texto de la edición del Código Civil mandada publicar en cumplimento de la Ley de 26 de mayo último.**

La persona humana no puede ser objeto del comercio de los hombres, y, por tanto, conforme al artículo 1271 Código civil no puede ser objeto de un contrato, *"podrán ser objeto de contrato todas las cosas que no están fuera del comercio de los hombres"*, complementado este artículo con el 1275 del mismo texto legal, *"Los contratos sin causa, o con causa ilícita, no producen efecto alguno. Es ilícita la causa cuando se opone a las leyes o a la moral"*, preceptos que impiden tajantemente que la vida humana sea objeto de contrato.

Por los artículos que acabamos de citar del Código Civil, aunque no existiese en nuestro ordenamiento jurídico norma que considera nulos los contratos sobre "vientres de alquiler" como es el artículo 10.1 de la Ley14/2006, deberían ser igualmente considerados nulos por ilicitud de su causa y por razón de su objeto, por lo que generarían ninguna obligación los contratos celebrados con ese objeto.

Queda absolutamente clara que no está permitido en España el nacimiento de hijos mediante la gestación por sustitución. Para evitar la aplicación de este precepto, algunos ciudadanos españoles han recurrido a otros ordenamientos jurídicos, que admiten la posibilidad de convertirse en padres del niño nacido de una mujer con la que se ha suscrito un contrato de "vientre de alquiler", solicitando posteriormente la inscripción de la filiación a su favor en el Registro Civil español, cuestión en la que

---

20 http://www.m adrid.org/cs/Satellite?
c=CM_Revista_FP&cid=1109168497099&esArticulo=true&idRevistaElegida=1109
168491172&pagename=Revist
aJuridica/Page/home_RJU&seccion=1109168469736

entraremos a continuación.

3.2. La inscripción de los nacidos mediante maternidad subrogada fuera de nuestro país. Situación después de la Sentencia del Tribunal Supremo.

• **Resolución de la Dirección General de los Registros y del Notariado de 18 de febrero de 2009.**[21]

"El nacido en el extranjero por medio de técnicas de gestación por sustitución. Es inscribible en el Registro Civil español a través de certificación registral."

La Dirección General de los Registros y Notariado, no entra en las cuestiones de fondo como sería la filiación o la validez del contrato, al permitir las inscripciones de nacimientos por prácticas de maternidad por sustitución realizadas en el extranjero meramente se atañe a al reconocimiento de la eficacia de las certificaciones registrales extranjera, pese a la nulidad de esos contratos en nuestra legislación española, pues considera que han sometido los contratantes a las leyes de los países donde suscribieron los contratos. Que respecto a las cuestiones de fondo deben ser los tribunales los que deben decidir.

• **Instrucción de 7 de octubre de 2010, de la Dirección General de los Registros y del Notariado sobre el régimen registral de la filiación de los nacidos mediante gestación por sustitución.**[22]

"La inscripción de nacimiento de un menor, nacido en el

21 http://portaljuridico.lexnova.es/doctrinaadministrativa/
JURIDICO/50165/resolucion-dgrn-de-18-de-febrero-de-2009-inscripcion-de-nacimiento-acaecido-en-california-por-m
22 http://www.mjusticia.gob.es/cs/Satellite/Portal/1292338996904?
blobheader=application%2Fpdf&blobheadername1=Content-Disposition&blobheadervalue1=attachment%3B+filename
%3DInstruccion_de_5_de_octubre_de_2010.PDF

extranjero como consecuencia de técnicas de gestación por sustitución, sólo podrá realizarse presentando, junto a la solicitud de inscripción, la resolución judicial dictada por Tribunal competente en la que se determine la filiación del nacido.

En ningún caso se admitirá como título apto para la inscripción del nacimiento y filiación del nacido, una certificación registral extranjera o la simple declaración, acompañada de certificación médica relativa al nacimiento del menor en la que no conste la identidad de la madre gestante.".

La cuestión de la inscripción de los nacidos fuera de España mediante los contratos de gestación por sustitución tomó relevancia debido al caso de una pareja española que pretendía la inscripción de sus hijos nacidos mediante esta técnica en el estado de California, en el cual ambos figuraban como padres de los recién nacidos. La Dirección General de Registros y Notariado, en adelante DGRN, inscribió a los niños de la pareja en aras del "interés superior del menor", señalando que el *"encargado del Registro deberá proceder a un control de legalidad de los hechos referidos en la declaración y de ésta misma"*, y que su inscripción se hace acudiendo a las normas de nuestro derecho que regulan las certificaciones registrales extranjeras al Registro Civil español, en base a eso en funcionario público lo que hace es en virtud de lo recogido en el reglamento del Registro Civil, observar la validez del documento que presentan los interesados y proceder a su inscripción, *"el documento auténtico, sea original o testimonio, sea judicial, administrativo o notarial, es título para inscribir el hecho de que da fe. También lo es el documento auténtico extranjero, con fuerza en España con arreglo a las leyes o a los Tratados internacionales"*[23].

---

23 http://portaljuridico.lexnova.es/doctrinaadministrativa/JURIDICO/50165/
resolucion-dgrn-de-18-de-febrero-de-2009-inscripcion-de-nacimiento-acaecido-en-

La decisión adoptada por la DGRN, fue recurrida por la fiscalía considerar la misma como *"fraude documental"* ya que en la certificación presentada por los interesados figuraban como padre una pareja del mismo sexo, por lo que se ponía en duda la realidad del hecho inscrito en base a lo recogido en el artículo 23 de la Ley del Registro Civil, *"podrán practicarse, sin necesidad de previo expediente, por certificación de asientos extendidos en Registros extranjeros, siempre que no haya duda de la realidad del hecho inscrito y de su legalidad conforme a la Ley española"*.[24]

Tanto en primera instancia como posteriormente en instancia superior se posicionaron en favor de la fiscalía denegando la inscripción como hijo biológico de la pareja gay, y que solo podía figurar como padre biológico el que realmente lo era, instando a la otra parte de la pareja a ser padre por adopción, la sentencia de la Audiencia Provincial[25] aludía a la prohibición de la maternidad subrogada en el Derecho español, en el que es contrario al orden público la gestación por sustitución, que violentaba los artículos Constitución Española y del Código Civil, cuando señala que "la persona humana no puede ser objeto del comercio de los hombres", y que la voluntad de tener descendencia es licita *"pero la satisfacción de dicho interés no puede conseguirse infringiendo la ley"*.

El recurso al Tribunal Supremo confirmó las sentencias en instancias inferiores, pese a lo cual no hubo unanimidad en la decisión y parte del tribunal si era favorable a la inscripción, fundamentando su voto particular puesto que según estos *"no resulta aplicable el artículo 10 de la Ley 14/2006, puesto que la filiación ya ha sido determinada por una*

---

california-por-m. Fundamento de derecho nº 4.
24 http://noticias.juridicas.com/base_datos/Privado/lrc.t4.html . Artículo 23 Ley Registro Civil.
25 http://blogs.ua.es/espanyadoxa/files/2012/05/Sentencia-audiencia-de-Valencia-inscripci%C3%B3n-hijomaternidad-subrogada.pdf

autoridad extranjera, con lo que el problema se trasladaría a resolver si esta decisión contraría o no el orden público internacional ... y ver si puede ser introducida en el orden jurídico español para surtir en España los efectos legales correspondientes", que no vulnera el orden público pues, éste se vulneraría si se menoscabaran los intereses del menor, que de esta manera si parecen quedar en el limbo *"el interés del menor queda también afectado gravemente. A los niños, de nacionalidad española, se les coloca en un limbo jurídico incierto en cuanto a la solución del conflicto y a la respuesta que pueda darse en un supuesto en el que están implicados unos niños que siguen creciendo y creando vínculos afectivos y familiares irreversibles."*, las consecuencias, el "limbo jurídico", es una perdida de derechos ya que no aparecer filiado en el registro civil, no permite por lo tanto disponer de libro de familia, ni de pasaporte español, ni por supuesto de documento de identidad español, por lo que pese a ser hijo de españoles.[26]

El Tribunal Europeo de los Derechos Humanos dictó sentencia el 26 de junio de 2014, en dos asuntos que afectaban a la filiación de los nacidos por medio de la maternidad subrogada,declaraba que violaba el artículo 8 del Convenio Europeo de los Derechos Humanos el no reconocer la relación de filiación entre los niños nacidos y los padres sustitutos en base al interés superior del menor.

El Tribunal Supremo dictó un auto de casación poco después de la resolución Europea, en el sentido que la posición de Española de la no inscripción de los nacidos mediante estas practicas no vulnera sus derechos, puesto que (y referendario al proceso concreto de la pareja gay), los

_____

26 http://www.poderjudicial.es/cgpj/es/Poder-Judicial/Tribunal-Supremo/Noticias-Judiciales/El-Supremo-deniega-lainscripcion-de-la-filiacion-de-dos-ninos-gestados-en-California-a-traves-de-un-contrato-de-alquiler. Archivos asociados.

interesados podían inscribir al padre biológico el que lo fuera realmente de los dos, y figurar como adoptivo del que fuera su pareja, de tal manera que no queda desprotegido en ningún momento el interés del menor, "una vez quede determinada la filiación biológica respecto del padre biológico y la filiación por criterios no biológicos respecto del otro cónyuge (o respecto de ambos, si ninguno de ellos fuera el padre biológico), tendrán la nacionalidad española y podrán heredar como hijos." [27], terminando el auto de casación con lo siguiente "*La sentencia de esta Sala protege el interés de los menores pues permite la fijación de las relaciones paterno- filiales mediante la determinación de la filiación biológica paterna y la formalización de las relaciones familiares "de facto" mediante la adopción o el acogimiento, protegiendo en todo momento la unidad familiar en que puedan estar integrados los menores*"[28], con lo que aboca a los que recurran a estas prácticas a esta vía.

3.3. Posturas a favor y en contra de la maternidad subrogada.

Recientemente salió un manifiesto de la plataforma #Nosomosvasijas[29], impulsada por las filosofas Amelia Valcárcel, Maria Luisa Balaguer, Mar Esquembre y Victoria Camps, en las que se posicionaban en contra de esta práctica, "el deseo de ser padres-madres y el ejercicio de la libertad no implica ningún derecho a tener hijos" fundamentaban esta tesis en que la maternidad subrogada niega el derecho a decidir por parte de la gestante durante todo el proceso, y claro la posterior toma de decisiones en la vida del nacido.

También alegaban que este tipo de maternidad es una nueva forma de control sexual de las mujeres en una sociedad moderna como "la

---

27 *www.poderjudicial.es/stfls/.../TS%20Pleno%20Civil%2002-02-2015.pdf*
28 Idem
29 http://nosotrasdecidimos.or g/nosomosvasijas/#manifiesto

prohibición del aborto, la regulación de la prostitución y la maternidad subrogada son sus más contundentes expresiones." No consideran que la maternidad subrogada se pueda catalogar como una técnica de reproducción asistida, que no existe sino una mercantilización pues lo que esconde es "el tráfico de úteros y la compra de bebés estandarizados".

Esta campaña según sus promotoras debería servir "para que no se dejen engañar por campañas mediáticas" y que "el deseo de paternidad o de maternidad nunca puede sustituir o violar los derechos que asisten a las mujeres y los menores"[30]Alicia Miyares, filosofa.

Desde la Asociación por la Gestación Subrogada que trabaja para presentar una iniciativa legislativa popular con la que regularizar esta técnica en España, respondieron al manifiesto de la plataforma, en el sentido de [31] *"Tampoco entendéis que hay muchas mujeres dispuestas a ayudar a otras mujeres y a otros hombres gestando a sus hijos. No lo entendéis porque vosotras nunca lo haríais o porque vosotros no aceptaríais que vuestras parejas lo hicieran (quizás hasta que una de esas mujeres o esos hombres que necesiten ayuda sean vuestras propias hijas, vuestros propios hijos, vuestras hermanas o hermanos, vuestras amigas o amigos...). No lo entendéis, como hay quien no entiende la homosexualidad, la transexualidad, el aborto, el divorcio,... la libertad de los demás y las demás para acostarse con quien les dé la gana, para vivir como son, para poner fin a un embarazo no deseado, para separarse de quien no las hace o no los hace felices".*

30 http://www.elperiodico.com/es/noticias/sociedad/filosofas-constitucionalistas-lanzan-campana-contra-alquilervientres-4294315
31 http://gestacionsubrogadaenespaña.es/index.php/2013-10-17-13-37-28/noticias-asociacion/68-comunicado-de-lasmujeres-de-la-asociacion-por-la-gestacion-subrogada-con-capacidad-de-gestar-y-de-decidir-hacerlo-encontestacion-al-manifiesto-publicado-en-nosomosvasijas-eu

Ponen como ejemplo de que hay países como EEUU, Canadá o el Reino Unido, donde el procedimiento está perfectamente regulado y se garantiza al máximo los derechos de todas las personas que intervienen en él y, muy especialmente, los de las mujeres que se ofrecen como gestantes. Alegan por otra parte que desde los anti-subrogación se esconde que existen estudios llevados a cabo en países con legislación en la materia que demuestran *"que no hay daños psicológicos para las gestantes ni ningún tipo de problema derivado del uso de esta técnica para los niños y niñas. Ni de los estudios que demuestran que la razón por la que esas mujeres gestan a los hijos y a las hijas de otras personas no es precisamente la económica. No habláis de todas estas cosas ni de muchas otras porque no os interesa que se sepan"*.

El debate sobre la maternidad subrogada recuerda mucho al debate que se suscita en torno a otras cuestiones como el aborto o el también candente tema sobre la prostitución, en el que también se mezclan cuestiones tan complejas como la libertad individual y el contexto social. Temas complejos que dividen a la parte femenina de la sociedad.

A la periodista del diario.es y feminista, Emilia Arias, todo este debate suscitado en torno a la gestación por subrogación le sugieren una serie de preguntas[32] *"¿estamos siempre frente a un abuso de poder o también frente a estrategias adoptadas desde la libertad individual para cambiar o mejorar determinadas condiciones de vida? Es más, ¿acaso no existen mujeres europeas o estadounidenses de clase media, que muchas veces ya son madres, y que quieren ayudar a otras a serlo por puro altruismo? Y una pregunta más, si se están dando situaciones de abuso, ¿no deberíamos denunciarlas y establecer una legislación que proteja a las*

---

32 http://www.eldiario.es/pikara/Claro-Nosomosvasijas-Maternidad-subrogada-prostitucion_6_402519750.html

mujeres que quieran pasar por este proceso para que lo hagan en condiciones óptimas?" *y se pregunta "Y si no es por generosidad y es por cuestiones económicas, ¿deja de estar bien? ¿Quién decide eso? ¿Debemos utilizar una suerte de ética universal para controlar las decisiones de las mujeres?"*.

Desde luego es un tema de rabiosa actualidad tanto que algún partido político ha incluido una propuesta en el sentido de regular la cuestión, y tener una certeza legislativa que la actual normativa como hemos visto deja en el aire muchas cuestiones al considerar como nulos los contratos de maternidad subrogada, así pues la iniciativa del partido emergente Ciudadanos, va en el sentido de regular positivamente la maternidad subrogada, en cierta manera altruista, pues solo considera que se deben pagar por parte de los padres sustitutos los costes razonables del proceso, y en su programa electoral dice: "Regular la posibilidad de la gestación subrogada, con el consentimiento expreso de las partes implicadas y con plenas garantías jurídicas, a través de un contrato de gestación entre la gestante sustituta y los padres intencionales, que garantice los derechos de las partes y donde la filiación del neonato sea inequívoca. Si tal contrato contemplara una compensación económica, ésta deberá ser de una cuantía que se ajuste a los gatos razonables del proceso.".[33]

En cambio otros partidos que también concurren a las próximas elecciones generales no se pronuncian al respecto, el PSOE por parte de su portavoz en Sanidad en el Congreso, Ángeles Álvarez se posicionan en el sentido de reconocer los bebes nacidos en el extranjero pero *"nuestro programa electoral no lleva nada al respecto. Lo que está claro es que el PSOE no fomenta ninguna práctica que implique la mercantilización del*

---

33 https://www.ciudadanos-cs.org/nuestras-ideas , Sistema sanitario, regulación de la maternidad subrogada.

cuerpo de la mujer. Apoyamos en su momento que los menores nacidos a través de este método fueran reconocidos en España, por el bien de los propios menores. Pero es verdad que no tenemos pendiente un debate interno sobre la cuestión, que por ahora no ha habido porque hay otras prioridades y no es un tema acuciante",[34] Otro partido emergente a través de su Diputada en la Asamblea de Madrid, Beatriz Gimeno, se posiciona de esta manera *"Podemos, tiene una posición oficial al respecto, no hemos tenido un debate, no se considera un tema relevante en este momento. Para mí resulta bastante frustrante,pero la política es así"*[35], por otra parte considera que los que defienden y abren el debate *"son neoliberales que defienden el mercado"*, alega que este debate plantea numerosas objeciones éticas, que las partes del cuerpo no deben abrirse al mercado, no se cierra ante la posición de donaciones pero en ningún caso pagar por "bebes de alquiler".

En resumen los argumentos en contra de esta técnica se refieren a la mercantilización de los seres humanos, según los que se posicionan en estas tesis creen que son un caldo de cultivo para la explotación y el trafico de personas, que ha numerosos ejemplos de ello, que tener un hijo no puede ser un medio para obtener dinero, que los hijos nacidos bajo la maternidad subrogada sufren consecuencias psicosociales y sobre la inmoralidad de esta práctica, el lucro de las agencias intermediarias que hacen negocio con el sufrimiento de los padres infértiles y la vulnerabilidad de mujeres que se prestan a ello por motivos económicos.

Los argumentos a favor se basan en la libertad del individuo, libre decisión para ejercer su derecho, por el que terceras personas se ven beneficiadas en cumplir un deseo que por otras técnicas no han logrado

---

34 http://www.elmundo.es/sociedad/2015/12/03/565f493a46163f19308b45ec.html
35 http://www.elmundo.es/sociedad/2015/12/03/565f493a46163f19308b45ec.html

obtener, la posición es que se regule la gestación subrogada pero sólo de manera altruista, contemplando únicamente los gastos derivados del embarazo, se plantean que si no existe un debate sobre las donaciones de esperma o de óvulos, y que se les paga por ello, porque tantas objeciones en esta cuestión, que si no existe debate sobre las donaciones de órganos que se realizan de forma altruista, porque no regular de manera altruista sobre los vientres de alquiler, en todos los casos siembre existirá un riesgo de explotación o de mercantilización del cuerpo, sobre todo en terceros países.

"Gestational surrogacy means the process by which a woman attempts to carry and give birth to a child by means of in vitro fertilization using the gametes of the intended parents and to which the gestational surrogate has made no genetic contribution."[36]

36 https://www.legis.la.gov/legis/ViewDocument.aspx?d=834922 . Proyecto de Ley (House Bill 187) presentado por el Joe Lopinto, R-Metairie, que hubiera permitido una legislación respecto a los contratos subrogados en el estado de Louisiana, vetado por el Gobernador Bobby Jindal. Este proyecto de Ley, solamente habría permitido contratos de subrogación entre parejas casadas, nunca del mismo sexo y una mujer, que ya fuera madre previamente.

Los contratos serían altruistas, limitado a los gastos básicosde esta práctica. http://www.nola.com/politics/index.ssf/2014/06/bobby_jindal_surrogacy_veto_ov.ht ml

4.- Maternidad subrogada en los EEUU.

4.1. Introducción y situación actual.

"Subrogación gestacional significa el proceso mediante el cual una mujer intenta llevar y dar a luz a un niño por medio de la fertilización in vitro utilizando el gametos de los futuros padres y al que la madre sustituta gestacional ha hecho ninguna contribución genética"[37]

Elegir Estados Unidos en este trabajo tiene su sentido en la complejidad del sistema norteamericano que podría decirse que depende del estado existe un "microclima" en la cuestión de la maternidad subrogada, cada uno de los estados afronta de una manera distinta el caso que nos ocupa, desde estados que permiten abiertamente los vientres de alquiler, bien a través de leyes o a través de su jurisprudencia, como podrían ser los casos de California, Illinois, pasando por estados que permiten expresamente su práctica pero que carecen de una regulación especifica como podría ser los casos de Arkansas y Virginia; Veremos los casos de Florida, Texas, New Hamsphire y Virginia, donde se permite pero tiene sus particularidades que van desde solo permitida para los matrimonios, o restringida para las parejas del mismo sexo. Otro caso que veremos será el Washington DC que prohíbe y sanciona, el de Michigan que los considera Nulos aunque se llevan a cabo por cuenta y riesgo de las partes. También entraremos en el caso de Nueva York que permite las maternidades llamadas altruistas pero que las demás tendrían la calificación de delito. Así podríamos entrar uno a uno en todos los estados de la unión y no veríamos similitud en la regulación entre uno u otro, de tal manera que permite a los ciudadanos de un estado donde esté prohibida, o restringida burlar la ley, o viceversa permitir a una madre gestante firmar un contrato en un estado donde se permite, pero acudir a dar a luz, a otro estado donde la maternidad

---

37 https://www.legis.la.gov/legis/ViewDocument.aspx?d=834922 .

subrogada no esté permitida como sería el caso de Cristal Kelley, mujer de Connecticut, la cual firmó un contrato para tener un bebé, para una pareja de su estado, la cual en un control durante el embarazo se le detectó que el feto tenía varias "anomalía", aunque estas no parecían incompatibles con la vida (labio leporino, paladar hendido, un quiste en el cerebro y diversos problemas cardíacos), aunque el porcentaje de tener una vida normal era bastante baja. La pareja con la cual había firmado el contrato, pidió a la madre gestante la ruptura del contrato y una contraprestación por ello.

La gestante, se fue al estado de Michigan, donde los contratos de maternidad son inaplicables, y tuvo el bebe allí, allí fue inscrita como madre del nacido (no figura nombre del padre en la partida), pese a que ella no tenía material genético pues fue gestado con el esperma del contratante, con el óvulo de una donante anónima. El bebe acabó siendo dado en adopción dada la precaria situación económica de la madre. [38]

La primera noticia que en Estados Unidos se tiene de un nacimiento por medio de maternidad subrogada, fue en Michigan 1976, un abogado llamado Noel Keane realizó el primer acuerdo de "subrogación altruista" y acuñó el término de "maternidad subrogada". Poco después fundó una agencia llamada Surrogate Family Service, donde se realizaban inseminaciones artificiales, el objetivo era ayudar a las parejas infértiles para reproducir, facilitándoles el poder llegar contactar con madres sustitutas y ayudándolas en los trámites jurídicos necesarios. El acuerdo típico, una mujer es inseminada artificialmente con el esperma de un hombre cuya mujer no puede concebir. Al término, la madre de alquiler cede sus derechos parentales, recibe una cuota y da el bebé a su padre biológico, cuya esposa puede entonces convertirse en su madre adoptiva. *"Su finalidad*

---

38 http://www.nytimes.com/2014/09/18/us/surrogates-and-couples-face-a-maze-of-laws-state-by-state.html?_r=1

declarada fue ayudar a parejas con dificultades para concebir, facilitándoles el acceso a madres sustitutas y gestionando los trámites jurídicos necesarios para llevar a cabo la subrogación. Esta iniciativa contribuyó a divulgar una imagen solidaria de la maternidad por subrogación: determinadas mujeres ofrecían sus úteros para que permitir que mujeres incapaces de gestar pudieran tener hijos biológicos. Sin embargo, esta visión inicial se ha ido difuminando,siendo sustituida por otra perspectiva, en la que concurren otro tipo de finalidades menos altruistas."[39]

En 1980, Elizabeth Kane se convirtió en el primer caso documentado de una mujer que aceptó ser gestante a cambio de una compensación monetaria. Los requisitos que cumplía eran los mejores, ya tenía hijos propios y había dado en adopción a un hijo anterior a su matrimonio, por lo cual no era una persona que fuera a plantear dudas o problemas como "madre de alquiler". Sin embargo, después de haber renunciado a sus derechos parentales, reconsideró su decisión y se convirtió en una de las principales voces de Estados Unidos en contra de estos procedimientos, argumentando *"that surrogate motherhood should be banned nationwide, that the practice caused unexpected emotional damage to surrogate mothers and their families.",* la maternidad subrogada debería ser prohibido a nivel nacional, ya que causa daños emocionales a las madres de alquiler y a sus familias, *"There has to be something wrong with a judicial system that will allow a contract as legal which obligates the natural mother to sign away a child she has not yet conceived in exchange for $10,000. A well-known surrogate clinic on the East Coast has drawn up*

39 http://www.aebioetica.or g/revistas/2012/23/78/253.pdf . Aproximación a la problemática ética y jurídica de la maternidad subrogada, José López Guzmán y Ángela Aparisi Miralles, 2012.
http://www.aebioetica.org/revistas/2012/23/78/253.pdf

a contract stating the surrogate gets $10,000 for the delivery of a healthy child, nothing for a 'defective' child,and she must pay the father $25,000 if she decides to keep the child".[40] O posicionándose en contra del sistema al afirmar que tiene que haber algo mal con un sistema judicial que permite un contrato legal que obliga a una madre natural a ceder un niño que aún no ha concebido a cambio de 10000 dolares, o que una clínica elabore contratos que indiquen que la madre sustituta reciba un dinero de un niño sano, y nada si el niño resulta "defectuoso", y la sustituta deba pagar si decide quedarse con el niño nacido.

Sin embargo uno de los casos mas conocidos en los Estados Unidos fue el conocido Baby M, que tuvo lugar en Nueva Jersey en 1987. Un Matrimonio contrató con Mary Beth Whitehead para que tuviera un niño. El contrato estipulaba el compromiso de la gestante, de renunciar a sus derechos maternos a cambio de recibir 10 mil dólares por compensación de gastos y servicios. La niña iba a ser concebida por inseminación artificial gracias al esperma del contratante, al nacer la niña la gestante se resistió a entregarla y huyó con ella a Florida.

Los tribunales de Nueva Jersey declararon inválido el contrato por considerarlo contrario a derecho, y a la tradición, además de referirse al pago como algo ilegal y potencialmente degradante para las mujeres. En su fallo, reconoció a Whitehead como madre genética de la menor, pero otorgó la custodia de Baby M al matrimonio pero concedió a la madres de alquiler el derecho de visita.[41][42]

Veamos pues en los siguientes apartados algunos ejemplos de como

---

40 http://www.nytimes.com/1988/06/26/books/so-you-fell-in-love-with-your-baby.html?pagewanted=all
41 http://elpais.com/diario/1987/01/19/sociedad/538009202_850215.html
42 http://www.nytimes.com/2014/03/24/us/baby-m-and-the-question-of-surrogate-motherhood.html

está la situación respecto a los contratos de maternidad subrogada en los Estados Unidos.

4.2 Mapa sobre la situación de la maternidad subrogada en los Estados Unidos.

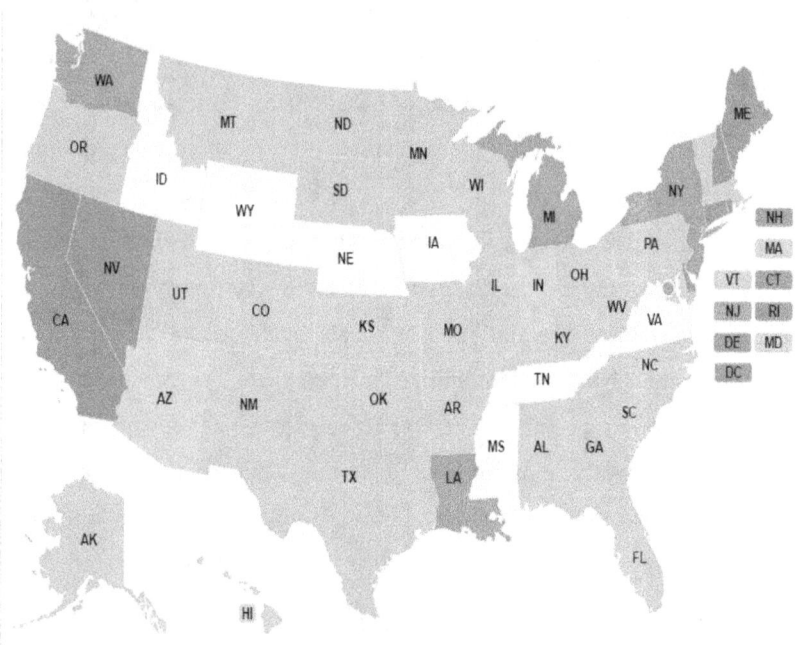

- ESTADOS DE "LUZ VERDE"
  La subrogación está permitida para todos los padres, las órdenes de prenacimiento se otorgan en todo el estado, y ambos   padres se mencionarán en el certificado de nacimiento. Vaya a la página de estado para obtener información más detallada.
  CA,CT, DC, DE, ME, NH, NV, RI

- La subrogación está permitida, pero los resultados pueden depender de varios factores o lugar. En algunos estados de nacimiento, es posible que se requiera un procedimiento legal posterior al nacimiento. Haga clic en cualquier estado en el mapa para obtener información más detallada.
  AL, AK, CO, FL, GA, HI, IL, KS, KY, MA, MD, MN, MO, MT, NC, ND, NM, OH, OK, O, PA, SC, SD, TX, UT, VT, WI, WV

- ESTADOS DE "LUZ AMARILLA"

Proceda con precaución. Se practica la subrogación, pero existen posibles obstáculos legales; o los resultados pueden ser   inconsistentes. Haga   clic   en cualquier estado en el mapa para obtener información más detallada.
AK, IA, ID, MS, MT, NE, TN,VA, WY

- Proceda con precaución. Se practica la subrogación, pero existen posibles obstáculos legales; o los resultados pueden ser inconsistentes. Haga clic en cualquier estado en el mapa para obtener información más detallada.AZ, IN

- ESTADOS DE "LUZ ROJA"
  El estatuto o la jurisprudencia publicada prohíbe los contratos de subrogación compensados, O un certificado de nacimiento que nombra a ambos padres no puede obtenerse.
  LA, MI, NJ, NY, WA[43]

4.3. Estados donde los contratos de maternidad subrogada son aceptados, con algunas variantes.

4.3.1. California.

En California no existe una legislación especifica en la materia, son los tribunales interpretando la Uniform Parentage Act44, la que acepta la maternidad subrogada, ésta se extiende incluso a personas del mismo sexo, cosa que no suele ser habitual en la mayoría de los estados de la Unión.

Varios casos de los mas relevantes en todo el país se han dado en el estado de California, y forman parte de la jurisprudencia con el que los jueces y tribunales están interpretando los acuerdos sobre vientres de alquiler, uno de ellos fue el caso *Johnson v Calvert,* relacionado con un acuerdo de subrogación gestacional, los tribunales resolvieron en primera instancia dar la razón a la pareja contratante. La cuestión que se dilucidaba era sobre una pareja que no podía tener hijos por si misma, aun teniendo los ovarios y los espermatozoides de la pareja adecuados, por lo que acudieron a una madre sustituta para poder tener hijos, firmaron un contrato en el que la gestante renunciaba a los derechos a cambio de una suma de dinero. El proceso siguió y la gestante quedó embarazada después del implante del

---

43 https://www.creativefamilyconnections.com/us-surrogacy-law-map/

óvulo fecundado, el tiempo deterioró las relaciones entre las partes contratantes, tal es así que una parte y la otra cruzaron demandas en el sentido una de reclamar el dinero pactado aun no nacido el bebe, y la otra en el sentido de que se respetara lo pactado que ellos eran los padres del futuro nacido, que derivó en una demanda de la gestante en que se la reconociera como madre del niño que iba a nacer.

De las pruebas genéticas al bebe que se realizaron cuando el parto llego a su fin, se dedujo que los contratantes eran los padres genéticos, por lo que se excluyó a la gestante como madre biológica, ya en tribunales se resolvió que los contratantes eran los padres "genéticos, biológicos y naturales" y que el contrato de maternidad celebrado era válido y exigible. La madre sustituta recurrió y la corte suprema del estado resolvió y confirmó la sentencia en el sentido de que si bien ambas partes tenían pretensiones legitimas en base al Código Civil de California (Artículos 7003 y 7015 ya derogados), la gestante, de considerarse madre legal dado que ella fue la que dio a luz, y la contratante, dado que ella es la que tiene el vinculo genético, pues dada que ambas partes tenían una pretensión legitima había que recurrir a la intencionalidad de las partes de tal forma que en su resolución da la razón a la contratante al considerarla madre legal pues sin la intención de ésta de ser madre, el contrato no se habría celebrado, y que la gestante no es sino un medio para llevar a cabo las intenciones de la primera, por lo que los tribunales entendieron que los contratos de "vientre de alquiler"[44] no son contrarios al orden público, no ve a la mujer como sujeta de explotación por motivos económicos, ni considera al bebe nacido como una mercancia, pero especificaron que estas materias deberían estar reguladas adecuadamente y tener su marco legislativo, para que exista unas

---

44 Ley de California que establece un marco jurídico adecuado para determinar la paternidad de los nacidos de parejas casadas o no.

reglas generales y una seguridad jurídica al respecto, *"We are all too aware that the proper forum for resolution of this issue is the Legislature, where empirical data,largely lacking from this record, can be studied and rules of general applicability developed".*[45]

Otro caso relevante fue el que se dio en 1994, *In re Marriage de Moschetta*[46], un Tribunal de dilucidó sobre como determinar la paternidad de un niño que nació después de la firma de un contrato de subrogación tradicional y de que los futuros padres se hubieran separado. El Tribunal sostuvo que el padre previsto y de la madre de alquiler eran los padres legales del niño, dejando a la madre prevista sin derechos, solo concediéndole un régimen de visitas, fue concebido con los óvulos de la gestante, y los espermatozoides de la parte que separó, así pues no tenía ningún vinculo genético con la madre prevista.

Entre la multitud de casos que sirven para ver la complejidad que conllevan este tipo de contratos también destaca *In re Marriage de Buzzanca*[47], en este caso la gestante quedó embarazada gracias a dos donantes anónimos (óvulo y un espermatozoide). Lo rocambolesco de la cuestión es que podríamos identificar hasta seis personas que podrían tener la capacidad de ser padres del niño nacido, a saber la donante de óvulos, el donante de esperma, la futura madre, el futuro padre, la gestante, y si hubiere el marido de esta. En última instancia, la Corte encontró que cuando una pareja casada que tiene la intención de procrear utilizando un embrión no genéticamente relacionados implantado en una madre sustituta, los futuros padres son los padres legales del niño. La resolución fue en el mismo sentido que el caso anterior se recurrió a la voluntad, a la

---

45 http://faculty.law.miami.edu/zfenton/documents/Johnsonv.Calvert.pdf , pagina 14
46 http://law.justia.com/cases/california/court-of-appeal/4th/25/1218.html

47 http://law.justia.com/cases/california/court-of-appeal/4th/61/1410.html

intencionalidad, para determinar la filiación del nacido.

Otros precedentes, sobre todo porque afectaban parejas de mismo sexo como fue el caso en el que la controversia era si una madre biológica podría impugnar la maternidad de la mujer con la que convivía, tras la separación de ambas, alegando que contravenía la legislación. Los tribunales determinaron que el proceso para declarar en su día la maternidad de ambas fue correcto, hubo intencionalidad de las partes antes del nacimiento y que no se podía negar la validez de la declaración judicial de maternidad que ella promovió en su día, esta posición del tribunal se basa en el "Estoppel"[48] (*venire contra factum proprium non valet)*, el principio general de que una persona con conocimiento de causa, no puede actuar de manera incompatible con su posición anterior "*is grounded on the general principle that a person with full knowledge of the facts may not act in a manner inconsistent with his or her former position*".[49] [50]

4.3.2. New Hampshire.

En este estado se permiten acuerdos de subrogación, aunque la regulación es bastante amplia y específica, no aclara si esta normativa alcanza también al colectivo de lesbianas, gays, bisexuales y transexuales. El New Hampshire Statutes, en el capitulo 168-B, regula la subrogación, en su primer artículo apartado XIII, habla de "*Intended parent*", es decir padres previstos: Padre previsto o madre; o una combinación de los mismos o de parejas casadas, no especifica la condición sexual de los mismos. "*Intended parent*" *means a person who intends to become a parent of any child that*

---

48 http://beta.merriam-webster.com/dictionary/estoppel . a legal bar to alleging or denying a fact because of one's own previous actions or words to the contratry (impedimento jurídico de que alguien alegue o niegue un hecho que contradiga sus propios hechos o declaraciones previos
49 http://scocal.stanford.edu/opinion/kristine-h-v-lisa-r-33564
50 http://www.witkin.com/pages/recent_dev_pages/current_pages/ parent_Kristine.htm

results from a gestational carrier agreement. This term shall include intended mothers, intended fathers, or a combination of both. In the case of a married couple, any reference to an intended parent shall include both spouses for all purposes of thischapter."[51] "*Which the gestational carrier has made no genetic contribution*" se aclara que estamos hablando de maternidad subrogada gestacional ya que la madre sustituta no ha hecho ninguna contribución genética al bebe.

Entre la normativa de este estado se encuentra el artículo relativo a la idoneidad de la persona, concretamente en su artículo 168-B-9, donde se recoge que la sustituta debe tener al menos 21 años, haber dado a luz al menos un hijo, completar una evaluación médica física y mental, a parte de haber sometido su contrato a una consulta legal.

Se exige un acuerdo previo, "*Enforceability of Gestational Carrier Agreement*" 168-B-10, por escrito y pre-autorizado judicialmente, en el que todas las partes estarán representadas por un abogado. El Artículo 168-B-11 especifica las particularidades del acuerdo, entre otras que la madre sustituta se somete a la transferencia de embriones, mediante la reproducción asistida, y tratará de llevar a cabo el embarazo, y dar a luz, que renuncia a sus derechos y obligaciones como madre del niño resultante, y que entregará la custodia del mismo a los padres inmediatamente después del nacimiento. En cuanto a la otra parte también el acuerdo específica las obligaciones y deberes como padre o padres del bebe resultante, y la aceptación de la custodia, y su responsabilidad en la manutención después del nacimiento.

El acuerdo recogerá también la compensación si la hubiere, a pagar a la portadora, incluyendo los gastos médicos, asesoramientos y otros gastos asociados al contrato, así como la decisión respecto a la terminación del

---

51 http://www.gencourt.state.nh.us/rsa/html/NHTOC/NHTOC-XII-168-B.htm . New hampshire Statutes, Public Safety and Welfare. Chapter, 168-B, Surrogacy, Sección 168 B-1.

embarazo. Tal como se establece en el 168-B-1 el acuerdo será oneroso pero razonable *"Compensation: means payment of any reasonable, valuable consideration to the gestational carrier"*.

4.3.3. Florida.

La ley de Florida permite explícitamente acuerdos de subrogación gestacional y acuerdos de subrogación tradicional, pero impone requisitos estrictos sobre los contratos, los denominados *"acuerdos de adopción preplanificados"*, están en relación con la ley de adopciones del estado, recoge en sus precepto entre otras: Que la madre voluntaria se compromete a quedar embarazada por la técnica de la fertilidad que se específica en el acuerdo, firmar un consentimiento escrito de entrega del niño nacido, siempre sujeto a un derecho de rescisión por la madre voluntaria dentro de las 48 horas siguientes al nacimiento siempre que esté genéticamente relacionada con el niño, ésta deberá haber pasado previamente una evaluación médica razonable y ser mayor de edad. La legislación cuando habla de las "partes" intervinientes en el contrato, lo hace en el sentido de "padre previsto", "madre prevista", "madre voluntaria", o "marido de la madre voluntaria, si lo tuviere" por lo que sugiere que las parejas del mismo sexo están excluidas en este tipo de contratos.[52]

La compensación se limitará a pagar los gastos de cuidado y de vida prenatal reales de la madre del niño a ser adoptado, los gastos médicos de tal madre real de un plazo razonable, que no exceda de 6 semanas, si las necesidades médicas requieren este tipo de apoyo, después del nacimiento del menor.

Desde 1977, Florida prohibía las adopciones gay en Florida fue a

---

52 http://www.leg.state.fl.us/statutes/index.cfm?App_mode=Display_S tatute&URL=0000-0099/0063/0063.html. Artículo 63.2012

resultas del caso *In re Gill* [53] [54] en el que una persona homosexual solicitó al tribunal adoptar a dos niños que él y su pareja estaban criando en acogida, que la cuestión en materia de adopciones entre parejas del mismo sexo cambió. En su sentencia a favor del demandante, la juez resolvió que la prohibición de la adopción de Florida violaba los derechos de protección de igualdad del interesado y los menores de edad sin una base racional *"this court finds violates the petitioner and the children's equal protection rights guaranted by article of the florida constitution without satisfying a rational basis"* y que los los informes y estudios muestran que no hay diferencias en la forma de ser padres de los homosexuales o la adaptación de sus hijos.

Que de otra manera se violaba el artículo 2 de la constitución de Florida en la que se establece que "todas las personas, sean hembra o varón, son iguales ante la ley y tienen derechos inalienables, entre los cuales están los derechos de disfrutar y defender la vida y la libertad, de buscar la felicidad, de obtener recompensa por el trabajo, de adquirir, poseer, y proteger la propiedad; con la excepción de que la posesión, herencia, y disposición de la propiedad inmobiliaria por inmigrantes in-elegibles a ser ciudadanos se podrá regular o prohibir por la ley."[55]

El Tribunal de apelaciones en septiembre 2010[56] revocó la prohibición de adoptar para las parejas del mismo sexo por violar las garantías de protección de igualdad de la constitución de Florida. Este Tribunal se planteaba la siguiente pregunta "would there be a reason to exclude gay people from adopting?" y afirmaba que "If the law didn't exist, we would use the same criteria to assess those families as any other, and the best interest of the child would be the, would be the norm", ¿Hay alguna

53 http://www.nytimes.com/2008/11/26/us/26florida.html?_r=0
54 https://www.aclu.org/sites/default/files/images/asset_upload_file16_37906.pdf

55 http://www.flascblog.com/constitucion-de-la-florida/
56 http://www.3dca.flcourts.org/Opinions/3D08-3044.pdf

razon para excluir a los gays de la posibilidad de adoptar?. Debemos usar los mismos criterios para evaluar a éstos como a las familias, y la norma debe ser el mejor interés del niño.

4.3.4. Texas.

La subrogación tradicional no está reconocida, en Texas. La ley permite explícitamente acuerdos de subrogación gestacional, pero parece excluir parejas del mismo sexo. La nueva regulación introducida por la *Texas House Bill 729*[57] enmienda el anterior texto *The Texas Family Code*[58], que autorizaba los acuerdos de subrogación entre una madre gestacional y los futuros padres.

La intención era simplificar el proceso para que los padres destinados a ser los únicos padres legales y para la portadora gestacional renuncien todos los derechos relacionados con el niño. Una vez aprobado el contrato de subrogación gestacional, la orden judicial que exige que sólo los futuros padres figuren en el certificado de nacimiento del niño.

Entre las particularidades de la Ley en Texas encontramos, que ésta solo se aplica a parejas heterosexuales casadas, si bien, la ley no específica que pasa con las parejas del mismo sexo, o familias monoparentales, la protección de la Ley es solo para las parejas heterosexuales. Pese que no está reconocida la maternidad tradicional los futuros padres si pueden recurrir a donantes de óvulos y espermatozoides, no tiene porque el futuro bebe tener la carga genética de los padres sustitutos para estar amparados por la legislación.

Para optar a la maternidad subrogada en Texas, y estar dentro de la legislación del estado, es necesario que una de las partes, bien sea la madre sustituta o los padres previstos, tengan su residencia en este estado.

---

57 http://texashistory.unt.edu/ark:/67531/metapth158775/m1/1/
58 http://www.statutes.legis.state.tx.us/Docs/FA/htm/FA.160.htm

Ambas partes deben cumplir con una serie de requisitos con el fin de obtener un acuerdo válido, se requiere que se tomen varias medidas antes de validar un acuerdo gestacional, entre otras que acuerdo gestacional debe ser firmado por todas las partes y sometido a un tribunal por lo menos 14 días antes de la transferencia de embriones, que la sustituta mantiene el control de las decisiones pertenecientes a ella, las relacionadas con la salud del niño que no ha nacido y los problemas durante el embarazo. También se exige que la madre sustituta ya haya tenido un embarazo anterior y sea capaz de soportar otro embarazo sin que exista riesgo físico razonable para sí misma o el feto.

Todo lo relacionado con cuestiones físicas y psíquicas han sido previamente examinadas por expertos médicos, y finalmente el acuerdo explica claramente cuál de las partes es financieramente responsable de los gastos del embarazo asociado de tal manera ofrezca seguridad para la salud del niño por nacer.

4.4. Estados en los que se permiten los contratos de maternidad subrogada pero siempre que no estén compensados, el caso de Virginia.
En el estado de Virginia el contrato de maternidad subrogada, significa un acuerdo entre futuros padres, un sustituto, y su marido, en su caso, en el que la subrogada se compromete a llevar a cabo un embarazo mediante la concepción asistida, y de renunciar en favor de los futuros padres la custodia y derechos del bebe, *"Surrogacy contract" means an agreement between intended parents, asurrogate, and her husband, if any, in which the surrogate agrees to beimpregnated through the use of assisted conception, to carry any resultingfetus, and to relinquish to the intended parents the custody of and parentalrights to any resulting child"*[59], define la compensación como el pago de un valor porlos servicios en exceso de los

59 http://law.justia.com/codes/virginia/2006/toc2000000/20-156.html

costos médicos y auxiliares razonables.

Su legislación no específica nada sobre las parejas del mismo sexo, ademas impone bastantes restricciones a los acuerdos entre las partes, entre ellas limitar expresamente este tipo de acuerdos a un matrimonio formado por hombre y mujer casados entre si *"Intended parents" means a man and a woman, married to each other"*, por otra parte se regula la necesidad de autorización judicial por parte de los tribunales, la gestante tiene la posibilidad de rescindir el contrato dentro de los 6 primeros meses de embarazo.

4.5. Estados que prohíben la ejecución de los contratos de alquiler de vientres.

La legislación estatal de Michigan prohíbe los contratos de alquiler de vientres, y tiene a estos acuerdos como no exigible *"A surrogate parentage contract is void and unenforceable as contrary to public policy"*[60], además de prohibirlos los sanciona con penas que van desde las económicas hasta privativas de libertad, incluso pueden llegar hasta 5 años de prisión *"is guilty of a felony punishable by a fine of not more than $50,000.00 or imprisonment for not more than 5 years"*[61]. Los tribunales han refrendado la legislación estatal pese que ésta ha sido puesta en cuestión en innumerables ocasiones.

Si se han producido caso de contratos de subrogación pero sino han sido penalizados o declarados nulos es porque las dos partes estaban de acuerdo en la forma y no iban a cuestionar el contrato llevado a cabo de

---

60 http://www.legislature.mi.gov/%28S%28gyn4kxmzxyihrbtjggpz3gyy %29%29/mileg.aspx?page=getObject&objectName=mcl-722-855. Surrogate Parenting Act 199 of 1988, 722.855 Surrogate parentage contract as void and unenforceable.

61 http://www.legislature.mi.gov/%28S%28gyn4kxmzxyihrbtjggpz3gyy %29%29/mileg.aspx? page=getObject&objectName=mcl-722-857. 722.857 Surrogate Parenting Act 199 of 1988. Surrogate parentage

forma privada, sería nulo e inaplicable si alguna de las partes lo impugnara.

En 1992, en el caso *The Doe v. Attorney General* una asociación de libertades civiles argumentó en contra de esta regulación tan restrictiva, el Tribunal de Apelaciones de Michigan no estuvo de acuerdo y encontró tres intereses apremiantes para reafirmar la legislación estatal, como era evitar que los niños se conviertan mercancía; servir a los mejores intereses de los niños y prevenir la explotación de las mujer.[62]

En Nueva York, siguen el mismo criterio de Michigan, independientemente de las personas involucradas en los acuerdos de maternidad subrogada, estos serán nulos y no exigibles. "Public policy. Surrogate parenting contracts are hereby declared contrary to the public policy of this state, and are void and unenforceable".[63]

En New York, en el caso *McDonald vs McDonald*[64], los tribunales resolvieron que una mujer sin conexión genética con sus hijos aún podría ser su madre legal, ésta dio a luz a gemelos después de gestar un embrión que se implantó a partir de esperma de su marido y un óvulo de una donante, la resolución del tribunal fue que la madre gestacional, es la madre natural de los niños, y es, dadas las circunstancias, con derecho a la custodia temporal de los niños con visitas al marido.

En el estado de Washington, por su parte se permiten a los acuerdos de subrogación altruistas, pero considera ilegal e inaplicable cualquier acuerdo que implique algún pago distinto al que se regula en el artículo 26-26-210[65], Revised Code of Washington, en que define la contract prohibited;

---

62 http://digitalcommons.law.msu.edu/cgi/viewcontent.cgi?
article=1161&context=king . Barbra E. Homier, Gestational Surrogacy: An Appeal
to Reform Michigan's Surrogate Parenting Act, pagina 17 en adelante.
63 http://law.onecle.com/new-york/domestic-relations/DOM0122_122.html . New
York Domestics Relations.
64 http://www.leagle.com/decision/1994203196AD2d7_1202/McDONALD%20v.
%20McDONALD
65 http://app.leg.wa.gov/RCW/default.aspx?cite=26.26.210

conditions; surrogate parentage contract as felony; penalty compensación como el pago de dinero, objetos, servicios o cualquier otra cosa que tenga valor monetario, se exceptúan y se permite pues el pago de los gastos incurridos como resultado del embarazo, los gastos médicos reales de la madre sustituta, y el pago de abogados en la gestión de los contratos. Todo lo demás tal y como se establece en el artículo 26-26-240[66], son considerados contrarios al orden público, *"contrary to public policy"*, incluso especificando que cualquier violación de los artículos 26-26-210 y siguientes, será calificada como un delito menor *"Any person, organization, or agency who intentionally violates any provision of RCW 26.26.210 through 26.26.260 shall be guilty of a gross misdemeanor."*[67]

4.6. Estados sin legislación sobre la maternidad subrogada, ni jurisprudencia.

Estados como Maine, Mississippi, Montana, Dakota del Sur, Hawai, Georgia, entre otros no poseen ni legislación, ni jurisprudencia sobre la maternidad subrogada, podríamos incluir también en esta relación al estado de Colorado, ya que su legislación solo habla explícitamente de las parejas y derechos de los padres en las técnicas de reproducción asistida, y no de la subrogación, y la pareja de la sometida a las técnicas de fecundación in vitro es tratada en la ley como si fuera el padre biológico del niño concebido, y no el donante *"If, under the supervision of a licensed physician and with the consent of her husband, a wife is inseminated artificially with semen donated by a man not her husband, the husband is treated in law as if he were the natural father of*

---

66 Idem
67 Idem

a child thereby conceived". [6869]

4.7. Casos Excepcionales.

a) Alabama

La legislación en este estado se refiere directamente a la subrogación, pero si existe un caso en el que un tribunal ha reconocido los derechos de los padres de los participantes no biológicos en el ámbito de un acuerdo de maternidad por subrogación.

Es el de un matrimonio en proceso de divorcio[70], que habían formado parte de un acuerdo por maternidad subrogación tradicional, el tribunal en este caso concedió la custodia a la mujer aunque no estaba biologicamente relacionada con el bebe nacido, el marido recurrió la sentencia, en base a que él si que estaba geneticamente unido con el niño, ya que era el donante del esperma, la decisión se basó en el superior interés del niño, el tribunal no entró en la cuestión de la maternidad subrogada, pese a que el marido reconoció tal extremo en el juicio *"The husband also alleged that the wife was not the natural mother of the minor child, that the minor child had been born to asurrogate mother, that he was the minor child's natural father, and that the wife had adopted the minor child."*, y solo tuvo en cuenta que era la mujer legal del padre en el momento que se realizó el contrato, aunque ella como mencioné no estuviera vinculada al bebe geneticamente.

La legislación en Alabama en los siguientes artículos, *ALA CODE § 26-10A-33 C*[71], aborda la cuestión de la adopción y en su parte final establece: "Surrogate motherhood is not intended to be covered by this

---

68 http://tornado.state.co.us/gov_dir/leg_dir/olls/2013TitlePrintouts/CRS%20Title%2019%20%282013%29.pdf
69 http://www.dvmen.org/dv-196.htm#parents
70 https://casetext.com/case/brasfield-v-brasfield-3
71 http://codes.lp.f indlaw.com/alcode/26/10A/26-10A-33

section", es decir que cuestión de la maternidad subrogada no se cubre en este apartado, el siguiente artículo *ALA CODE § 26-10A-34*[72], regula sobre los pagos de los padres en los procesos de adopción, no de maternidad subrogada.

b). Ley de Maternidad Subrogada Minnesota

No existen disposiciones legales o casos publicados que traten el tema de la maternidad subrogada. Sin embargo, las opiniones de los tribunales no ha puesto excesivas trabas a la cuestión de la subrogación. Actualmente en Minnesota existen proyectos de ley en proceso de tramitación. (SF 348 y HF 437). Uno de esos proyecto en proceso de tramitación (Omnibus Bill SF 888), pretende crear una comisión para decidir sobre el futuro de la subrogación en el estado de Minnesota[73]. En 2008, se aprobó un proyecto de ley que permitía a la regulación estatal de los acuerdos de subrogación gestacional, éste, fue vetado por el gobernador republicano Tim Pawlenty[74][75].

Entre las resoluciones, destaca una del Tribunal de Apelaciones de Minnesota, la cual se refiere a un hombre gay seropositivo, de Nueva York que se comprometió a pagar a una madre sustituta la cantidad de 20.000 dolares para gestar un embrión, el acuerdo firmado por las partes incluía una cláusula, conocida como *"choice of law"* (por la que se especifica la ley que se aplicará en caso de conflicto entre las partes), pidiendo que en caso de conflicto primase la ley de Illinois.

Cuando el niño nació y la madre de alquiler no entregó la custodia, así que el demandante reclamó la paternidad en el estado de Minnesota. El

---

72 http://codes.lp.findlaw.com/alcode/26/10A/26-10A-34
73 http://mn.gov/web/prod/static/lawlib/live/archive/ctapun/0712/opa070452-1211.htm
74 http://www.leg.state.mn.us/archive/vetoes/2008veto_ch329.pdf
75http://www.huffingtonpost.com/erin-havel/the-future-of-surrogacy-in-minnesota-_b_7267364.html

tribunal dictó que el demandante era el padre del niño y negaba derechos a la madre de alquiler, confirmó que se aplicaba la ley del estado de Illinois y que el acuerdo no violó la política pública de Minnesota.[76]

c). Ley de Subrogación de Carolina del Norte

Carolina del Norte no tiene leyes relacionadas específicamente con la subrogación, si en cambio otras leyes que permiten acuerdos de subrogación pero que no van mas allá del pago de los gastos médicos de la madre gestante.

Una de estas leyes que inducen a pensar que se pueden permitir ciertos acuerdos, es la ley de adopción de Carolina del Norte que general prohíbe la compensación por el consentimiento de adoptar o renuncia a la patria potestad, pero hay excepciones a esta regla. Por ejemplo, se permiten los pagos por gastos médicos y relacionados de una madre que espera durante su embarazo. Dichos pagos pueden no estar supeditados a la renuncia a la patria potestad o la dación del niño a adopción *"A payment authorized by subsection (a) of this section may not be made contingent on the placement of the minor for adoption, relinquishment of the minor, consent to the adoption, or cooperation in the completion of the adoption"*[77]; Sin embargo, la ley también establece que los futuros padres adoptivos podrán tratar de recuperar las compensaciones, si el padre u otra persona recibe o acepta con la intención fraudulenta para evitar la adopción."*A prospective adoptive parent may seek to recover a payment if the parent or other person receives or accepts it with the fraudulent intent to prevent the proposed adoption from being completed"*. Es ilegal en Carolina del

---

76 http://mn.gov/web/prod/static/lawlib/live/archive/ctapun/0712/opa070452-1211.htm
77 http://law.onecle.com/north-carolina/48-adoptions/48-10-103.html , NC GEN. STAT. §§ 48-10-102, 103

Norte para las parejas homosexuales a adoptar a un niño.[78]

d). Ley de Subrogación de Carolina del Sur

No existen regulación en esta materia en Carolina del Sur, si existen algunas resoluciones judiciales que indican que se han aceptado ciertos contratos de alquiler de vientres, concernientes a parejas casadas y heterosexuales, no existen resoluciones que implique la cuestión de las parejas del mismo sexo.

Uno de los caso de los que hablamos sería el que aconteció en el año 2003, en el marco de una disputa por motivos de seguros médicos entre dos familias los Does contratados, Roes contratantes, se gesta un embrión a partir de los espermatozoides de Frank roe, y del óvulo de María Roe, y se implantó en el útero de Jane Doe, la cual entregaría el fruto de su embarazo a termino a los Roes, esto ocasionó unos gastos, la disputa en los tribunales se dilucidaba por la cuestión de los gastos acontecidos y seguros médicos para la gestante, el tribunal Federal en su sentencia habla de los términos "hijo natural", "hijo biológico", "acuerdos de subrogación", es decir el tribunal no obvió la cuestión, aunque el fondo de la cuestión era una cobertura de póliza de seguros, de entrar en la naturaleza de la concepción del nacido. *"Thus, the Surrogacy Agreement and judicial opinions addressing the issue lead this court to conclude that Brenda Roe is the "natural child" of her biological parents, Frank and Mary Roe.",* se determino que el bebe, Brenda Roe, era hija "natural" de los Roes, aunque se discute sobre la naturaleza del termino "hijo natural", por ambiguo en un contrato de maternidad subrogada *"Does argue that the term "natural child" is ambiguous because of the unusual nature of a surrogate pregnancy".* Pese que en el acuerdofirmado por las partes se reflejaba que los Roes son sus padres naturales, y que en el marco del juicio sustanciado por el seguro

---

78 http://law.justia.com/codes/north-carolina/2010/chapter48/

médico se admite por parte de estos que no son los naturales sino los biológicos, añade la sentencia que no existen decisiones judiciales en Carolina del Sur conocidas que definan "*hijo natural*" en el marco de un contrato subrogado, y que otros tribunales y jurisdicciones han determinado repetidamente que los padres biologicos son los naturales y legales. "*However, the Surrogacy Agreement specif-ically states that the Roes are the "natural mother and father" of Brenda Roe. Thus, prior to this insurance dispute, the Does have admitted that Brenda Roe was not their "natural child." Further, although this court is not aware of any decision in which a South Carolina court has specifically addressed the definition of "natural child" in the context of a surrogate pregnancy, courts in other jurisdictions have repeatedly held that the biological parents are the natural and legal.*".[79]

f). Ley de Maternidad Subrogada Wisconsin

La legislación de Wisconsin no hace alusión a la materia tratada en este trabajo, pero si existe un caso en el que por los tribunales se ha reconocido los derechos de los padres no geneticamente relacionados con el nacido.

En 1981, un Tribunal de Apelaciones de Wisconsin dilucidó el caso de *LMS vs SLS*.[80], los hechos podrían resumirse de la siguiente manera: un marido, que era estéril, da su consentimiento para la inseminación de su mujer por parte de otro hombre. Más tarde, cuando se divorciaron, el marido argumentó que él no era responsable de la manutención de los hijos, porque él no era el padre legal del niño. El Tribunal rechazó este argumento y cito numerosos hechos, como el marido originalmente se obligó a ser el padre

---

79 http://www.daviddfriedman.com/Academic/Course_Pages/21st_century_issues/2
1st_century_law/human_repro_tec
h_law_04/Mid-South.pdf
80 https://www.courtlistener.com/opinion/1756808/in-re-marriage-of-lms-v-sls/

del niño, que consintió e inscribió el niño como suyo, y mantuvo públicamente tal condición. La Sentencia aludía que una decisión de tener un niño no es algo temporal y que una de las partes de se puede desdecir de la decisión tomada, "*A husband who participates in the arrangement for the creation of a child cannot consider this a temporary relation to be assumed and disclaimed at will*", es decir que el marido que participó en el acuerdo para la procreación de un niño no puede considerar por su parte que su contrato, respecto al niño, era temporal y que puede romperse en cualquier momento.

4.8. Conclusión

De todos estos casos relatados se puede deducir que la regulación de los contratos de maternidad subrogada en los Estados Unidos, se ha desarrollado en base a la Ley en algunos estados, ejemplo New Hampshire, o la jurisprudencia en otros, como podría ser el caso de California. Siguiendo el relato estado por estado, nos damos cuenta que no existe unanimidad en la Unión, respecto a esta materia y que el concepto de "orden público" es esencial a la hora de determinar si en ese estado tiene una regulación positiva o negativa, el ejemplo de que fuera contrario al orden público lo encontramos en Lousiana, donde como mencione anteriormente no se aprobó el proyecto de ley que podría regular positivamente los contratos de "vientre de alquiler" por lo que todavía siguen considerándose nulos y no exigibles por ser contrarios al orden público, así se recoge en las leyes de Louisiana: "*Contract for surrogate motherhood; nullity. A. A contract for surrogate motherhood as defined herein shall be absolutely null and shall be void and unenforceable as contrary to public policy*".[81]

Los estados que tienen regulada esta materia lo han hecho en aras a la seguridad jurídica de los contratos entre las partes, al establecer unas

---

81 http://law.justia.com/codes/louisiana/2013/code-revisedstatutes/title-9/rs-9-2713

bases respecto a los pactos que se llegan entre los implicados, como podrían ser la mayoría de edad, la idoneidad de la madre gestante, o de los padres, el que estén o no casados, el que sean o no parejas de hecho, o su orientación sexual, el sometimiento a un acuerdo judicial autorizado por un juez en el que éste revise todas las cuestiones concernientes al contrato, regular o no la contraprestación, es decir si es oneroso o altruista, la cesión de la patria potestad, la posibilidad de modificar su posición respecto al bebe nacido dentro de un determinado plazo, en definitiva los estados que han regulado legislativamente sobre esta materia han preferido la claridad y seguridad, a la incertidumbre, legislar sobre la maternidad subrogada permite que las partes sepan a lo que se atienen, y no están en un limbo jurídico, o a expensas de resoluciones judiciales.

5.- Opinión personal.

La maternidad subrogada es un tema bastante complejo, la regulación en España está bien definida, los contratos son nulos, la cuestión deriva es que dada esa nulidad, la filiación de los nacidos en el extranjero de "padres" españoles, así reconocidos en los países donde se celebraron los contratos pero que en la legislación española no se reconocen como tal, o solo una de las partes, (la otra tiene que recurrir a la adopción), se encuentran en un limbo jurídico.

El tema es bastante peliagudo y divide a la sociedad, del mismo modo que otros tan espinosos como la prostitución, la donación de órganos o el aborto.

En mi opinión personal si estaría de acuerdo con la maternidad subrogada tanto gestacional como tradicional, pero una regulación unilateral de esta materia por parte de nuestro país no lleva a la desaparición de cuestiones colaterales que surgen como consecuencia de la maternidad subrogada, me explico a continuación.

Lo primero sería resolver la situación de la filiación de los nacidos bajo contratos celebrados fuera de nuestro país y reconocerlos como hijo propios, aceptando que las resoluciones de terceros países son validas en nuestro país, y que la maternidad no viene solo dada por "la que da a luz", con lo cual implicaría una revisión legislativa en esta materia.

Como consecuencia de la aceptación de la filiación en favor de los padres contratantes, se debería, en mi opinión aceptar la maternidad subrogada en España, ¿pero que tipo de maternidad?, la subrogada gestacional compensada; la altruista o la subrogada tradicional? Creo que nos quedaríamos cortos si solo se aceptara la forma gestacional altruista, y traigo al caso la legislación inglesa, el objetivo de la regulación consistía en la prohibición de la gestación subrogada comercial y limitar ésta al mero altruismo por parte de la gestante. La limitación de la cuestión al mero altruismo junto con las trabas burocráticas para luego asignar la paternidad a los padres futuros, derivó en que apenas existen casos de "vientres de alquiler".

La legislación en Inglaterra reconoce como madre legal a la gestante y asigna la paternidad a su pareja, aun siendo un niño concebido con el esperma y óvulo procedente de la parte contratante, los padres futuros deben pasar por un proceso legal desde el nacimiento del bebé, para reasignar la paternidad legal y extinguir la responsabilidad legal de los padres sustitutos.

¿Porqué existen pocos casos en Inglaterra?, se ha visto que no existe oferta, aunque si demanda, lo que da la razón a posiciones contrarias a la regulación, de que el altruismo es relativo, sino que es mas bien una cuestión de remuneración, la escasez de oferta y la burocracia post-parto, hace que los padres que desean tener hijos, acudan en algunos casos a terceros países de dudosa reputación en cuestiones de derechos humanos, como podría ser el caso de Tailandia, donde esos posibles vientres de alquiler no son altruistas sino que lo son por un interés pecuniario, con lo que se produce la cuestión denunciada por los contrarios a esta forma de concepción de hijos, la explotación de los marginados, el tráfico de úteros y la compra de bebés estandarizados.

Así pues pienso que nuestra regulación debe ir mas allá, en mi opinión se debe aceptar la maternidad subrogada con compensación económica ¿Porque debemos ser contrarios a legislar de forma la maternidad subrogada, si somos permisivos por ejemplo con la donación "altruista" de óvulos y espermatozoides? Según un estudio realizado por la doctora italiana Anna Pia Ferraretti, realizado en 2012, en lo relativo a España en el que se analizaba la motivación de las mujeres a donar óvulos, arrojaba los resultados de que un 56% de las mujeres españolas, donaba por razones altruistas pero también porque recibía una compensación económica, el 30% lo hacía por puro altruismo y un 19,1% sólo por motivos financiero. Un 14% de esas donaciones eran mujeres inmigrantes rumanas. En el estudio ponía de relieve que se paga una media de 900 euros por donación[82] , es decir no existe una donación altruista como tal sino solo en menos de 1/3 de las donantes, y sin embargo, no se cuestiona esta práctica. El altruismo simple y llanamente no soluciona ni el problema legislativo ni el problema de las parejas con problemas de ampliar su familia, el ejemplo de ello en el campo de la donación, al igual que en el de la maternidad subrogada era Inglaterra, es Italia, donde como afirma la Doctora Ferraretti, *"encontrar una donante es practicamente imposible, las mujeres que donan óvulos en este país no pueden recibir una compensación económica como ocurre en España u otros países, donde se les paga, con estas condiciones ¿quien se va a someter a un proceso de estimulación a cambio de nada?"*.[83]

Me planteo una serie de preguntas ¿Porque somos reacios a aceptar los vientres de alquiler y si lo hacemos con la donación de órganos? ¿Porque muchas de estas posiciones contrarias a la maternidad subrogada vienen normalmente de gente que se posiciona a favor del aborto? ¿pero también a su vez contrarios a la regulación de la prostitución? ¿Debe existir libertad para disponer de nuestro propio cuerpo?¿Se debe hacer efectivo el principio constitucional del derecho al *"libre desarrollo de la personalidad"?,* Si con la regulación que tenemos o con una normativa como la inglesa, vemos que se siguen dando problemas, en nuestro caso de la filiación, y en ambos casos el acudir a terceros países con el comprensible riesgo de situaciones de abuso, no siempre hemos visto el caso de Estados

82 www.elmundo.es/salud/2015/12/16/56706841268e3e62368b46d6.html
83 Idem

Unidos ¿no deberíamos establecer una legislación que proteja a las mujeres que quieran prestarse como madres subrogadas, para que este proceso se lleve de una forma clara, adecuada, y con las mejores condiciones físicas y jurídicas par las partes, con el fin de dar seguridad a todo el proceso como sucede en algunos estados de Norteamérica?, Creo que si, se debe establecer unas condiciones, unos protocolos, compensaciones que eviten daños colaterales. El prestar su útero ya no por generosidad sino con un propósito económico, tal como decía la periodista, feminista Emilia Arias "*¿deja de estar bien? ¿Quién decide eso? ¿Debemos utilizar una suerte de ética universal para controlar las decisiones de las mujeres?*".

6.- Normativa y Jurisprudencia.

6.1.- Normativa

1.- Constitución Española 1978

2.- Ley 14/2006, de 26 de mayo, sobre técnicas de reproducción humana asistida.

3.- Real Decreto de 24 de julio de 1889, texto de la edición del Código Civil mandada publicar en cumplimento de la Ley de 26 de mayo último (Vigente hasta el 30 de Junio de 2017).

4.- Ley Orgánica 10/1995, de 23 de noviembre, del Código Penal.

5.- Resolución de la Dirección General de los Registros y del Notariado de 18 de febrero de 2009.

6.- Instrucción de 7 de octubre de 2010, de la Dirección General de los Registros y del Notariado sobre el régimen registral de la filiación de los nacidos mediante gestación por sustitución.

7.- Resolución de 5 de abril de 1999, de la Secretaría General Técnica, por la que se hacen públicos los textos refundidos del Convenio para la protección de los derechos y de las libertades fundamentales, hecho en Roma el 4 de noviembre de 1950; el protocolo adicional al Convenio, hecho en París el 20 de marzo de 1952, y el protocolo número 6, relativo a la abolición de la pena de muerte, hecho en Estrasburgo el 28 de abril de 1983.

8.- Uniform Parentage Act, California.

9.- California Family Code.

10.- New Hampshire Statutes.

11.- Florida Statutes.

12.- Texas House Bill 729.

13.- Code of Virginia.

14.- Surrogate Parenting Act 199 of 1988, Michigan.

15.- Revised Code of Washington.

16.- Colorado Revised Statute.

17.- New York Domestic Relations.

18.- Alabama Code.

19.- North Caroline General Statutes

6.2.- Jurisprudencia

1.- Sentencia 193/2010 del Juzgado de Primera Instancia N° 15 de Valencia de fecha 15 de septiembre de 2010. (Diario LaLey)

2.- Sentencia de la Audiencia Provincial Num. 949/2011 DE VALENCIA 826 23-11-2011. (www.poderjudicial.es)

3.- Sentencia Tribunal Supremo. Sala de lo Civil. Sección: 991. Fecha de resolución: 06/02/2014 N° Recurso: 245/2012. (www.poderjudicial.es)

4.- Sentencia del Tribunal Europeo de los Derechos Humanos, de fecha 26 de junio de 2014, en los asuntos 65192/11 y 65941/11, por la que declara que viola el artículo 8 del Convenio Europeo de los Derechos Humanos no reconocer la relación de filiación entre los niños nacidos mediante vientre de alquiler y los progenitores que han acudido a este método reproductivo. (www.noticiasjuridicas.com)

5.- In re Marriage de Moschetta, 30 Cal Rptr. 2D 893 (Cal. Ct. App 1994).

6.- In re Marriage de Buzzanca, 72 Cal. Rptr. 2d 280 (Cal. Ct. App 1998).

7.- Jonhson v. Calvert, 851 P.2d 776 (Cal 1993).

8.- Kristine H. v Lisa R. 117 P 3d 690 (Cal 2005).

9.- In re Gill, Lederman, C.S., Final Judgment of Adoption (FLA 2008).

10.- In re Matter of Adoption of X.X.G and N.R.G, Appellees (FLA 2010).

11.- Doe v Att'y Gen., 487 N.W. 2d 484 (Mich. Ct. App 1992).

12.- McDonald v. McDonald, 608 N.Y. S.2d 477 (N.Y. App Div 1994).

13.- Brasfield, 679 So.2d 1091 (Ala. Civ. App. 1996).

14.- P.G.M. V J.M.A., 2007 Minn App Unpub. LEXIS 1189 (Minn Ct App filed December 11, 2007).

15.- Mid-South Ins Co. V Doe, 274 F. Supp.2d. 757 (D.S.C. 2003).

16.- L.M.S. V S.L.S., 312 N.W.2d 853 (Ct. App 1981).

7.- Bibliografía.

1.- Aprobación por el Pleno del informe de la Comisión Especial de Estudio de la fecundación in vitro y la inseminación artificial humanas, así como las iniciativas particulares o sugerencias de los Grupos Parlamentarios de la Cámara. (150/000002)

2.- Bazán, María Elena; Llaryora, Bibiana Gestación por cuenta ajena: ¿Existió en Roma?. XV Congreso Latinoamericano de Derecho Romano. Moreia, Michoacan, México, XV Congreso Latinoamericano de Derecho Romano, 2006.

3.- Bercovitz Rodríguez-Cano, Rafael. Hijos Made in California. Aranzadi Civil, núm 3/2009, BIB 2009/411.

4.- Hernández Rodríguez, Aurora. Determinación de la Filiación de los nacidos en el Extranjero mediante gestación por sustitución ¿Hacía una nueva regulación en España?. Universidad de Cantabria. 2014.

5.- Informe de la Comisión especial de estudio de la fecundación in vitro y la inseminación artificial humanas. (C06Z0002) 1987, ISBN: 84-505-5202-8.

6.- López Guzmán, José; Aparisi Miralles, Ángela. Aproximación a la problemática ética y jurídica de la maternidad subrogada. Pamplona. Cuadernos de Bioética XXIII, 2012

7.- Quiñonez Alvarez, Ana. Doble filiación paterna de gemelos nacidos en el extranjero mediante maternidad subrogada", Barcelona, Revista para el Análisis del Derecho, In Dret, 2009.

8.- Ruiz Martínez, Natalia. Ley Penal y Territorialidad. Madrid. Revista Jurídica de la Comunidad de Madrid. Nº 16 2003.

9.- Sánchez Aristi, Rafael. La gestación por sustitución: dilemas éticos y jurídicos. Humanitas, Humanidades médicas. 2010.

www.ingramcontent.com/pod-product-compliance
Lightning Source LLC
Chambersburg PA
CBHW072016230526
45468CB00021B/1628